Im Haus wohnt eine Künstlermaus

Lustige Gedichte für Kinder,
Erwachsene und Senioren

Vera Hewener

Ob zu Hause, zwischendurch, im Kreis von Kindern, Erwachsenen oder Senioren, reimvergnügt lädt Vera Hewener alle Generationen ein, die Welt mit Humor zu betrachten. Ein mit lebendiger Fantasie, frischen Sprachbildern, heiteren Wortspielereien und lautmalerischen Versen zusammengestelltes Buch mit vielen neuen kunterbunten, lustigen und humorvollen Gedichten, Balladen und Rätseln. Außerdem: So wird Auswendiglernen zu einem besonderen Vergnügen. Reim auf Reim, Takt auf Takt und Vers auf Vers, ein Gedächtnistraining mit großem Spaßfaktor.

Vera Hewener, Jahrgang 1955, Dipl.-Sozialarbeiterin, lebt als freie Schriftstellerin in Püttlingen, mehrfach ausgezeichnet, u.a. Superpremio Mondo Culturale (I) 2002, 1. Preis Deutsche Sprache und Trophäe Novalis (F) 2004, Grand Prix Européen de Poésie (F) 2005, Goethe Trophäe (F) 2007, zuletzt Wilhelm Busch Preis (F) 2017.

Pressesplitter
„Gedichte, die mit geballter Bildsprache arbeiten. Voll Begeisterung werden sie aufgenommen." Saarbrücker Zeitung Ostern 1998.
„Sinn für feine Ironie und versöhnlichen Humor." SZ, 11.04.2002.
„Heweners Sprache ist Rhythmus und Malerei." Saarbrücker Zeitung, 07.05.2002. „In Heweners Gedichten überlagern sich die Zeiten und Epochen. Die Vergangenheit ist ihren Zeilen ebenso nah wie die Gegenwart. Die Gedichte sind im wahrsten Sinn des Wortes farbenfroh. Vera Hewener versteht das Handwerk des Dichtens." Beatrix Hoffmann, SZ 29.07.2009. „Offensichtlich steckt auch ein Schalk in Hewener, einer, der mit heiterer Leichtigkeit Reime und Silben sammelt, bündelt und wieder streut, der Pointen nicht scheut und es auch mal schätzt, den direkten Weg in die Herzen einschlagen zu können." Anja Kernig, SZ 07.12.2017.

Im Haus wohnt eine Künstlermaus

Lustige Gedichte für Kinder, Erwachsene und Senioren

Vera Hewener

Bibliografische Information der Deutschen Nationalbibliothek: Die Deutsche Nationalbibliothek verzeichnet diese Publikation in der Deutschen Nationalbibliografie; detaillierte bibliografische Daten sind im Internet über dnb.dnb.de abrufbar.

© 2025 Vera Hewener
Illustrationen: pixabay

Verlag: BoD · Books on Demand GmbH, In de Tarpen 42, 22848 Norderstedt, bod@bod.de
Druck: Libri Plureos GmbH, Friedensallee 273, 22763 Hamburg

ISBN: 978-3-7693-0692-7
11,99 Euro

‹

Inhaltsverzeichnis

Im Haus wohnt eine Künstlermaus

Dies und das

Dies und das und tralala,
aus die Maus und hoppsassa,
Spinnen spinnen in den Zinnen.
Kann wer was gewinnen?

Die Schlemmermaus

Im Keller haust die Schlemmermaus,
sie schleicht durch alle Ritzen.
Sie hüpft und lacht,
eh du's bedacht,
siehst du sie auch schon flitzen.

Sie piept: „Hurra, ein Paradies,
hier kann ich richtig schlemmen."
Sie zupft und zieht,
eh man es sieht.
Wer kann den Hunger hemmen?

Die Fetzen fliegen durch die Luft,
die Maus ist jetzt beim Lesen.
Mit Appetit
hält sie sich fit.
Wo ist sie bloß gewesen?

Aha, die Reste von Papier
belegen ihr Geschmause.
Nun ist es still,
weil sie es will
in ihrem Mauszuhause.

Was mach ich nur mit diesem Gast,
ein Nager auf vier Pfoten?
Ich schick die Katz'
auf diesen Fratz'.
Das ist ja nicht verboten.

Doch wenn die Katze sie nicht fängt,
bleibt dir nur eins am Ende.
Räum einfach auf,
den Deckel drauf.
Schon rennt sie vom Gelände.

Aufgeflogen

Riesenspinnen,
die sich in die Ecke pinnen,
witzeln über Stubenmücken,
die sich in die Schüssel bücken,
um zu folgen, glaub es nur,
einer Riesenriechespur.

Mit den Stinkefutterflausen
sie durch alle Zimmer sausen,
wo die Riesenspinnen lauern.
Lange wird der Flug nicht dauern,
denn der Mückenrückenschweiß
tropft vom Kopf über den Gneis.

In des Blindflugzickezacks
landen sie im Netz schnurstracks,
strampeln, hampeln, wehren sich
im großen Spinnenwebteppich,
schwingen hin und schwingen her.
Riesenspinnen freu'n sich sehr.

Katz und Maus

Wer ist ins Haus gegangen,
um Futter einzufangen?
Wer sieht durch off'ne Spalten
und lässt die Neugier walten?

Da rennt das graue Nagetier
nicht durch ein Loch, nein, durch die Tür!
Wo ist der Frechdachs hingerannt?
Hat er sich vielleicht ausgekannt?

Schon macht der Kater einen Satz
nach diesem flinken kleinen Fratz.
Oh je, es scheppert und es kracht.
Die Maus, vergnügt, sich krankgelacht.

Der Stubentiger, gar nicht lustig
über die Jagd, schießt rasend frustig
durch die Küch und trifft, oh je,
das Stuhlbein, das tut höllisch weh.

Er maunzt und leckt die Pfote sich,
die Maus auf leisen Sohlen schlich
vorbei und nutzt die Not gleich aus,
nimmt durch die Tür Reißaus!

Im Haus wohnt eine Künstlermaus

Künstlermaus kommt ins Haus,
hat die Stifte schon dabei,
Fotoapparat und Pinsel
dieses Haus ist eine Insel
für die Künstlerfrohnatur.
Alles gibt es hier in pur,
kostenlos und mancherlei
stapelt hier in Saus und Braus.

Keller sind, wie ihr wisst,
Lagerraum und Vorratskammer
und dazu meist noch im Dunkeln.
Da lässt es sich ruhig munkeln!
Für die Maus ist das ein Schatz,
Fundgrube und Ruheplatz.
Nur im Winter wird es klammer,
wenn der Frost die Wärme frisst.

Hat sie sich eingerichtet
in der Künstlerkolonie,
kommen andre angekrochen,
die den Braten auch gerochen.
Dann mach schnell die Löcher zu,
sonst gibt's unten keine Ruh,
und das Jagen endet nie,
bis du alles abgedichtet.

Kunst kann so zum Kampfplatz werden,
Klagelaute, Gastbeschwerden.
Hast du einen Müllcontainer,
wird Ordnung zum Fitnesstrainer!
Treppe rauf und Treppe runter,
dieses Frühjahr hält dich munter.

Schaffst du alles aus dem Haus
dann schnappt sich die Künstlermaus
ihre Künstlerutensilien,
sucht mit allen Mausfamilien
wissbegierig um die Wette
eine neue Wirkungsstätte.

Künstlermaus kommt ins Haus,
hat die Stifte schon dabei,
Fotoapparat und Pinsel
dieses Haus ist eine Insel
für die Künstlerfrohnatur.
Alles gibt es hier in pur,
kostenlos und mancherlei
stapelt hier in Saus und Braus.

Rätselhaft

Wo bin ich nur gewesen,
fragt sich die Daddelmaus.
Die Nase ist genesen,
die Pusteln gehen aus.
Wo ist das Sanatorium,
das heilte mein Martyrium?

Mit einem Schlag war es vorbei,
sie fühlte sich gesund und frei.
Da fiel es wie ein Blitz ihr ein:
Könnte es der Computer sein?
Der ist schon seit vier Tagen aus,
fragt sich die Daddelmaus.

Techtelmechtel hat der Spechtel

Techtelmechtel hat der Spechtel,
baut schon an dem Nestelmechtel,
hämmert sich die Lieb heraus,
wo die Wundersausemaus
grad im Lustschloss ihrer Träume
wuselt im Gefäll der Bäume.

Aufgewacht durch dieses Hickhack
bläst die Maus im Ärgerticktack
alle Blätter in die Höh.
Durch die Mäuseatembö
war Spechtel die Sicht genommen,
sah den Stamm nur noch verschwommen.

Als das Liebchen kam geflogen,
war der Bau etwas verzogen.
Macht nichts, sagte die Verzückte,
Spechtel zu der Liebsten rückte.
Und die Wundersausemaus
sich verkroch ins Bodenhaus.

Nach dem Nestbauhalligalli
brüten sie jetzt, dalli, dalli.

Zwanzig zarte Zirkelschnaken

Zwanzig zarte Zirkelschnaken
sich im Birkelbaum verhaken
zirkeln runter, zirkeln rauf,
setzen sich auf Äste drauf,
krakeln munter auf den Boden,
takeln sich an Buschkommoden,
wo sie auf die Beine warten,
um den Aufsprung neu zu starten.

Doch der Wald lässt Winde brausen,
Schnaken durch die Lüfte sausen,
landen wieder auf den Ästen.
Birkelbaum hält sie zum Besten,
lässt die Blätterbüschel los.
Schnaken wirbeln grandios.
Zwanzig zarte Zirkelschnaken
sich im Birkelbaum verhaken.

Verwirrt

Zwitscher, zwitscher, girr,
Piepmätzchen ist wirr,
hat sich in den Frosch verliebt,
weil der quakt und nicht so fiept.

Doch der Frosch liebt eine Fliege,
die bewundert eine Ziege,
weil sie meckert, wenn sie will.
Die liebt einen Fink ganz still.

Dieser sitzt auf einem Zweige,
streicht mit hellster Finkengeige
Liebeslieder der Geliebten,
obwohl alle still versiebten.

Denn Piepmätzchen ahnte nicht,
dass der Fink nur sie anspricht,
hat der liebsten Vogelbraut
schon ein neues Nest gebaut.

Hätt sie richtig hingehört,
dass der Fink sie hoch verehrt,
wär es ihr erspart geblieben,
sich in Frösche zu verlieben.

So ist sie zum Teich geflogen,
wo in einem hohen Bogen
jener Frosch zur Fliege sprang.
Dieser noch die Flucht gelang,

rettete sich auf die Ziege,
die sich schuppte an der Stiege,
weil's so juckte und herjeh,
jetzt tut sie ihr nicht mehr weh.

Liebesleid

Ein Hahn sang seiner Henne
ein wunderschönes Lied
und gackerte zur Tenne,
wo sie ein Ei ausbriet.

Sie gluckte unaufhörlich,
bis sie es übertrieb:
der Hahn, bald schwerenötig,
wurde zum Eierdieb.

Da jammerte die Henne
und weinte um das Küken.
Ein Ei von andrer Henne
sollt' fortan sie beglücken!

Der Hahn wurd' ganz verdrießlich.
Ein Ei stahl ihm die Frau!
Ob seiner Lage misslich
gackert er nur zur Schau.

Als dann das Küken schlüpfte,
wähnt er sich gotterlöst.
Sein Herz vor Freude hüpfte,
dass ihn die Henne tröst!

Die aber wollt nicht wieder,
fühlte sich frank und frei.
Sie spreizte ihr Gefieder
und stahl dem Huhn ein Ei!

Verrückte Tierliebe

Ein Gnu liebte ein Känguru
ein Affe eine Giraffe
die Laus liebte die Fledermaus
die Viper den Wiesenpieper

der Luchs liebte den Steppenfuchs
die Gazelle die Heckenbraunelle
der Hahn liebte den Höckerschwan
der Löwe die Heringsmöwe

der Star liebte das Dromedar
die Bremse die Alpengämse
der Hecht liebte den schwarzen Specht
ein Chinchilla einen Gorilla

der Floh liebte den Bonobo
der Fasan einen Pelikan
der Aal liebte den Bartenwal
die Fliege eine Bergziege

die Kuh liebte ein Karibu
die Schleie eine Rohrweihe
ein Lama den Ara
die Schnecke die Schrecke
die Forelle die Heidelibelle

Ein Eisvogel saß im Gebüsch

Ein Eisvogel saß im Gebüsch,
versteckt im warmen Blätterplüsch.
Er spähte nach dem Fischfrühstück
und hoffte auf des Fischers Glück.

Eiwohl, dachte sich die Forelle,
ich diene nicht als Nahrungsquelle!
Und schwamm sogleich unter den Schutz
der Steine und dem Binsenputz.

Der Eisvogel mit scharfem Blick
verfolgt den Bachforellentrick.
So, so, da muss ich wachsam sein,
ich find dich unterm Flussbettstein. -

Derweil die Sonne heller strahlte,
der Fluss mit Dunstgeweben prahlte
und plätscherte landauf, landab,
hielt seine Gäste voll auf Trab.

Die Bachforelle schielt zum Licht,
der Eisvogel ahnt das Gericht
und prescht hinein in klare Wellen,
der Wassersog fing an zu quellen.

Im Strudel zog's die Fischlein fort,
versprengten sich im Wurzelhort.
Die Bachforelle, aufgeschreckt,
hat ihren Kopf hinausgereckt.

Die Neugier hat sie übermannt,
vergaß Gefahren über Land.
Da wurde sie zur leichten Beute.
Der Eisvogel es nicht bereute.

Die Eitelkeit

Ein herrschaftlicher Pfau
flanierte mit viel Flair,
es federte im Blau
die Schönheit mehr und mehr,

bis alle Spatzen schwatzten
über die Farbenzier.
Die Katzen eilends kratzten
den Weg frei für's Spalier.

Und links und rechts die Schwäne
mit Flügel applaudierten.
Der Pfau schwang seine Mähne
weit über die Regierten.

Er schaute nur nach oben,
bewundert von der Menge
und sah vor lauter Loben
nicht aus der dichten Enge.

So hoch erhobnen Hauptes
klatscht in die Pfütz' er nieder.
Dem Fußvolk gleichwohl schlaut es:
Wer sich erhöht, fällt wieder.

Müde Biene

„Stell dich nicht so an!
Du machst keinen Fang,
wenn du in der Ecke sitzt
und nicht durch die Blüten flitzt."

„Will aber nicht schmutzig werden
von den braunen Käferherden,
die auf allen Halmen lauern,
um auf meiner Haut zu kauern."

„Liebes Kind, du brauchst das Futter.
Niemals ist alles in Butter.
Fliege auf und sammle dich
für den Nahrungsnektartisch."

„Aber ich will nicht mehr fliegen,
mich durch alle Blätter biegen.
Habe einen Flügelbruch
von dem letzten Halmbesuch."

„Wenn du nicht mehr fliegen willst,
nur noch in den Waben chillst,
schmeißt die Königin dich raus
aus dem Honigbienenhaus."

Und so kam es für die Müde,
die für Arbeit sich zu prüde,
flog heraus aus ihrem Nest!
Jetzt sitzt sie im Unkraut fest.

Kunterbunte Reim-girlanden

Reimvergnügt

Ich bin so reimvergnügt am Sichten,
ob sich die Silben dichter dichten.
Ob oben, unten, mittendrin,
liegt ganz allein am Strophensinn.

Reimgirlanden

Kunterbunte Reimgirlanden
an den Silbenstränden stranden.
Ringsherum und kreuz und quer
treiben sie im Sprachenmeer.
Versfüße sind hingeschwommen
haben alle aufgenommen,
hier und dort und anderswo,
sowieso.

Rühmgedicht

Reime, reime, Rüffelsack,
Silben springen, klicke-klack.
Verse blenden mit Geblüm,
rühm die Düfte, rühme, rühm.

So ein Wicht

Kennst du einen Abzählreim,
fragt die Otter ihren Schleim.
Klar, auf den Lofoten
sind sie Kinderboten.
Gut, dann zähle jetzt bis drei,
danach ist alles einerlei.
Da sprach die Vier mit viel Gewicht:
Du bist ein kleiner Wortewicht,
leihst dir die Silben des Gedichts,
als wär das nichts!

Leichte Lektüre

Wortverrückte Reimparaden
tanzen um den Bücherladen,
klappen auf und klappen zu
alle Seiten und im Nu
wetzen Silben an den Sätzen,
die durch unsre Köpfe hetzen.
Nimm es leicht, lies ein Gedicht,
Papier hat kein Gewicht.

Reimerei

Ei, was wörter ich da rum,
jeder Satz ein Unikum,
jeder Vers ein Rätselraten,
muss ich mir die Strophen braten,
geb sie zweifelnd wieder her,
Reim auf Reim, ich kann nicht mehr!

Ach, ihr Leute, lasst euch sagen,
Versvernichter sind wie Plagen,
nichts ist ihnen gut genug,
dumm wird dümmer, klüger klug,
und die ganz besond'ren Schreiber
machen aus dem Schwan 'nen Kleiber.

Muskelspiele

Wenn die Wörter muskeln,
werden Sätze Fluskeln,
wenn die Zeilen eilen,
sich die Strophen teilen,
wenn die Strophen schwofen,
beginnt der Vers zu loofen.

Frischluftzufuhr

Pickepack, Strudelsack,
wirbelt in den Wasserschlaufen
um am Ende abzusaufen.
Fischlein säuseln froh darin,
frische Luft im Sinn.

Schönfärberei

In einem lila Weideglück
weidet die Kuh mit viel Geschick.
Sie grast im Gras mit Rot und Grün,
wird blau und bläuer, ungestüm
färben die Farben. Und die Milch?
Farbenknilch.

Meeresrausch

Unter einem Mantelrochen
haben Fischlein sich verkrochen,
leckten seine Schuppen rein,
tranken von dem Rochenwein,
trudelten im Meeresrausch
unter einen Algenbausch,
strudelten in Unterströmung
in die tiefe Erdenhöhlung,
wo sie ihren Rausch ausschlafen
im Unterwasserhafen.

Leichtgewicht

Tapsig ist Herr Flapsig,
denn er ist so schlacksig,
dass der Weg
vor Lachen bebt,
wenn er sich dort fortbewegt.
Hätt' er mehr Gewicht,
bebte der Weg dort nicht.

Ernst oder unernst, ist das eine Frage?

Fragezeichen

Einen langen Kleiderhaken
aus Mehl und Ei und Wasser backen. -
Hält der auch, was er verspricht?
Ich weiß es nicht.

Was für eine Frage

Hundert bunte Unsinnsfragen
sind reinste Verstandesplagen,
reimen sich ins Hirn hinein,
bilden einen grellen Schrein
für das Denken unbedacht.

Bis sie sich verdient gemacht,
sagt das Oberstübchen: „Schluss!
Das Denken übt schon den Verdruss.
Solang es sich davon erholt,
bleibt der Versfuß unbesohlt."

Da macht der Satz 'nen Satz,
stiehlt sich den Silbenschatz.
Niemand ihn verkohlt!
Schließlich haben Reime
keine Keime.

Uhu sagt die Kuhu

Uhu, sagt die Kuhu,
mache nicht mehr Muhu,
gebe nur noch heiße Milch
für den Kaffee mit Zilch...

Trinke doch kein Muckefuck,
brummt empört der Kuckuckuck.
Wenn ich schon beim Schnorren bin,
hab ich Musik im Sinn.

Uhu, sagt die Kuhu,
das ist ja so buhu.
Wenn du kannst, melke dich selbst,
der liebe Gott vergelt's.

Zahnverschleiß

Dieser alte Reißverschluss
leidet unter Beißverdruss.
Seine Zähne sind so rostig,
da wird jede Hose frostig.

Zucke rauf und zucke runter,
das macht seine Zähne munter.
Irgendwann geht er schon zu,
denn er ist ein Filou!

Lachgedicht

La-la-la-la-la-la,
ha-ha-ha-ha-ha,
ho-ho-ho-ho-ho,
lachen macht dich froh.

Luftblasen

Luftblasen blasen
die Angsthasen.

Flapsige Flausen
durch Lüfte sausen.

Sausende Blasen
durch Flausen rasen.

Langeweile

Schrecklich ist die Langeweile,
Uhren hemmen Wangenkeile,
weiter geht es einfach nicht.
Die Zeit hat kein Gewicht.

Die kleine Raupe Rullerbunt

Die kleine Raupe Rullerbunt
machte einen Schnullermund,
schlug durch die Wiese eine Bahn,
beknabberte den Löwenzahn,
der fuhr die gelben Zähne aus
und warf die Raupe wieder raus.

Fintenfische

Tintenfische legen Finten
beim Verspritzen ihrer Tinten,
der sie höchstgeschwind entsprinten,
will großer Fisch den Tintenfisch
in seinen Schlund versinken.

Geldmäuse

Heute hab ich Geld gepflanzt.
Soll es reichlich sich vermehren
muss ich es mit Wasser ehren,
bis es aus der Reihe tanzt.

Will es trotzdem nicht aufwachsen,
bleibt nur eins, nimm es heraus.
Diesen Cent hast du gerettet
vor dem Frost und vor der Maus.

Unter allen Mückenschissen

Unter allen Mückenschissen
beißt die Maus sich in die Kissen.
Denn ihr graues Mausefell
ist nicht nur grau, es ist speziell!
Wird es nicht gewaschen,
wird es so hart wie Flaschen.

Ackergold

In meinem Geldacker
wächst Ackergeld.
Drum hab ich wacker
die Pflanzen gezählt.
Mal blühen sie üppig,
mal blühen sie nie.
Das Wetter ist flippig,
ohne Garantie.

Zeilenbruch

Eine lange kurze Weile
passt genau in eine Zeile.
Ist die kurze Weile lang,
sie zur nächsten Zeile sprang.

Abzählreime

1
Kniffel, Knuffel,
maunzt der Muffel.
Knickeknack,
aus dem Sack.

2
Sonne, Wonne,
Wolkentonne,
Regen raus
und du bist aus.

3
Hitze, Spitze,
du machst Witze,
Türe zu
und raus bist du.

April, April

Olgas liebste Katze
fetzte die Matratze,
biss sich durch die Kissen,
bis sie ganz zerrissen,
blies hinaus die Federn,
landeten auf Zedern.

Alle Zapfen standen stramm,
Neuschnee machte Äste klamm,
Wind fegte die Federn still
vom Baum und rief: April, April!

Lappalien

Die Rappen der Lappen
erlitten beim Rennen nur Schlappen,
weil die Kappen der Lappen
auf die Köpfe der Rappen schwappten
und alle Sicht auf die Rennbahn kappten.

Jetzt üben die Lappen
erst mit Attrappen,
sonst müssten sie Strafgeld berappen!

Lustige Jahreszeiten

Wen oder was?

Himmelhoch kannst du ihn suchen,
dick vermummt entgegen gehn.
Willst du einen Kuchen buchen,
kannst du schon die Sterne sehn.

Jahreszeiten belustigt

Der Frühling ist ein Blühling,
der Sommer ein Willkommer,
der Herbst ist ein Verderber,
der Winter ist Schneesinter.

Der Frühling ist ein Frommer,
der Sommer ist ein Schwüling,
der Herbst wird Farbenprinter,
der Winter ein Entfärber.

Der Frühling ist ein Sprinter,
Sommer ein Lichterwerber,
der Herbst ist erster Kühling,
Winter ein Kältekommer.

Ungereimtheiten

Im Blau strahlt warm ein gelb Gestirn,
räum weg den Regenzwirn!
Die Wolken schleudern ihre Wäsche,
Sprudelbäche.

Gewitter schickt die Blitze los,
Donnerkloß.
Der Hagel packt die Körner aus.
Mauerschmaus.

Der Himmel schüttelt sich und lacht.
Licht gemacht.
Die Sonne ist ein hell Gestirn,
räum weg den Regenzwirn!

Farbenfroh

Alle Farben werden rot
ist der Wolken Aufgebot.
Meine Farben sind viel röter,
meint der Sturm, ein Schwerenöter.

Lila wurden seine Augen,
die zum Schauen nicht mehr taugen.
Das machte die Sonne wütend,
warf ihr Gelb ins Grüne, brütend.

Plötzlich wurde alles blau.
Da machte der Wind sich schlau,
blies und blies vom hohen Ross
jenen schweren Farbenboss.

Spannte einen Regenbogen,
worin alle Farben flogen,
eine schöner als die andre.
Regenbogen wandre, wandre.

Reime frühlingsverrückt

Noch härten kalte Quellen
Gartenparzellen

Wenn in Hecken
Schnecken sich recken
unter grünen Verdecken

spinnen um Zinnen
Sonnenfiguren
Glitzerspuren

und Bienen kuren
in duftenden Blütenpastellen

Pollenallergie

Wie lau, wie lind,
oh Frühlingwind,
versüßt durch Rapses Honig.
Wie leicht sich trug
der Pollenflug.
Der Nasenlauf wird chronisch.

Hast du das Serum auch dabei,
niest du getrost ins Tuche.
Gereizt die Nase, einerlei,
ob Jammern, ob im Fluche!

Drum geb dich hin
der Medizin,
vertrau dem Apotheker.
Der Frühling lässt dir keine Wahl,
hält nichts von dem Gezeter.

Liebeslaute

Hansi pfiff ein Klangsi,
Ara sang für Klara.
Kanaris ziepen Piep, Piep, Piep,
ein Wellensittich hat dich lieb.

Sonnenbad

Julikerze brennt in Sinnen,
langsam tropft das heiße Wachs.
Alles Leben drängt nach innen,
in der Erde wühlt ein Dachs.

Meine angebräunten Arme
rufen nach der Sonnenmilch.
Helios dich mir erbarme,
doch er ist ein falscher Knilch.

Seine Glut schleicht hinter Wölkchen,
vorgetäuscht das Sonnenend.
Aus dem weißen Federvölkchen
sticht er scharf, es brennt, es brennt!

Ach geliebtes Sonnenbaden,
länger nicht kann ich dich freien,
muss mit Wasser mich beladen,
mich ins nasse Becken seihen.

Und so flute ich die Kerze,
lösch den Brand, kühl mich mit Feuchte,
rote Flecken sie ausmerze.
Mich die Sonn' nicht wieder täuschte!

Glühe Würmchen glühe

nachts bis in die Frühe
Küsse unterm Käferschrein
Mondlicht kann nicht schöner sein

Ach Lichtgeschoss

dies hellste Hell keimt Hagelsprosse
bis dieser große Übermut
wird enden in der Sommerflut

ist auch dein Herz Präludium
im rosenreichen Fluidum
scheint's innigst rein und weißer weiß
so endet's doch wie schon gesagt
dass diese Welt von dir geplagt
sich unter Schirmen retten muss
denn aus der Straße wird ein Fluss
und untergeht die Frohnatur
da wünscht man Herbst sich rau und pur

Donnerwetter

Müde Sonne glüht nicht mehr
Himmel gab die Farbe her
Wolken hängen tief und satt
Meer streicht seine Wogen glatt

Nur der Wind braust auf und tobt
von Wald und Dünen hochgelobt
bricht in Mittags Trägheit ein
schleudert Nass durch Mark und Bein

Danke vielmals sagt die Landschaft
applaudiert von ihrer Mannschaft
und der Gast sagt alle Wetter
Donnerblitz wat für 'ne Retter

Sonnenbrand

Weil mich der Glast des Sonnenstandes überbrüht,
hüllt mich der Wind mit Sandhandschuhen ein.
Doch meine Freude ist verfrüht.
Durch jene Schutzschicht sticht der Schein.

So schmore ich als Sandmännchen,
werd ohne Not zum Rotmännchen,
auf dem sich tummelt Mück und Wespe.
Ich zitt're bald wie eine Espe,
zerschlage den Insektentraum,
flüchte unter den Schattenbaum

und salbe meine Blöße,
vermindere die Größe
roter Flecken mit Bedacht.
Hätt ich das früher nur gemacht!

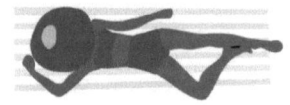

Wetterlehrling

Sommerwind, du heißer Feger,
treibst mir Perlen auf die Stirn.
Bist der hellen Gluten Heger
unter himmelblauem Firn.

Alle Arten fliehen, eilen
vor dem feuertrunknen Kuss.
Komme Regen, sollst verweilen,
gieße aus mit raschem Guss.

Doch nicht teilen will der Besen,
ist ein treu ergeb'ner Diener.
Komme Meister, sei's gewesen,
dass er deines Zaubers wieder.

Walle, walle, Wolke falle,
dass zum Zwecke Wasser fließe,
voll mit reinem weichen Dralle
zu dem Regen sich ergieße!

Ach, da schwillt es an, Gewitter,
blitzt und donnert durch die Wolken,
schwärzt den Himmel als ein Schnitter,
bis das ganze Nass gemolken.

Komm zurück nun, Besenzauber,
sei kein Stürmer mehr, der Wilde.
kehr den Himmel wieder sauber
und verteile deine Milde.

Wehe, wehe,
seht da blitzt und brennt es weiter,
Sturmwind reißt die Ziegel fort.
Sommerwind, der du gewesen,

komm zurück an diesen Ort.

Doch nicht enden will das Wetter,
treibt es bunt ganz ohne Meister,
dunkler werden alle Fronten,
Blitze schlagen immer dreister.

Höre, Sommerwind, mein Heißer,
will dich nicht mehr rügen, tadeln,
wenn als Feger du und Beißer
mich piekst mit den heißen Nadeln.

Wettergott, du großer Meister,
meinen Eigensinn verzeihe.
Wird der Schweiß wieder zum Kleister,
deine Schatten ich mir leihe.

Ach, der Sturm hört auf zu zausen,
seht die Blitze werden schwächer.
Wolken nicht mehr weiter brausen,
lassen ruhen alle Dächer.

Spürt,
die Hitze schürt uns wieder,
wallt die Glut mit heißen Flausen,
schreibt's in weißen Wölkchen nieder,
rasch vermehrt die blauen Pausen.

Und so trage ich die Hitze
vor mir her wie ein Pokal.
Sommer, wenn bist du gewesen,
wird der Himmel wieder fahl.

So dreist so feist
der Sommer grillt
den Asphalt grau er rillt

die Füße hüpfen
kann nicht mehr barfuß
gehen im Heißruß

sollt auch der liebe Mond noch brennen
muss nachts ich hin zum Wasser rennen
find keine Ruh
im hellen Schmu

dann reis' ich nach Traumalien
fernab der Infernalien
und dir oh Sommer sei's gesagt
wer sich so aus den Wolken wagt
der find sein End
ganz turbulent
in stürmisch grauer Wetterwend

Das krosse Laub

entgrünt und taub
klappert am Gesprosse

der Sonne Stich
hat dich und mich
geröstet im Gesponne

ich glaub du hast genug gestrahlt
wir sind schon alle knusprig
hast dich in Luv und Lee geaalt
verbrannt ist nicht mehr lustig

und steht die Sonne himmelan
durchwandert den Äquator
hat Tag und Nacht den gleichen Spann
wird Herbst zum Imperator

die Zeit kehrt sich nun wieder um
die Wärme wird uns fremder
ist kälter dir frag nicht warum
wir haben jetzt September

Monatslist

Wer will schon einen Julistart,
die Sommer sind doch viel zu hart,
sie glühen, sprühen, überbrühen
die Haut mit Kleister ohne Mühen,
faseln von Blasen Schwitzeschwatz,
was du auch tust, 's ist für die Katz.

Drum zupfe ich schon am Kalender,
dem großen Monateverschwender,
hoffe auf Kühlung des Verschwitzten.
Doch was geschieht? Ich muss nachsitzen!
Es bleibt ein Wunsch, wenn auch ein frommer.
Es kommt noch der Altweibersommer.

Wetterkreislauf

Nebelkräche
sind des Herbstes Schwäche.

Rabenkragen
aus der Ferne ragen.

Donnergrollen
aus den Wolken rollen.

Blitzezucken
an den Böden rucken.

Nebelkräche
sind des Herbstes Schwäche.

Mistel

Mistel, Mistel,
Betteldistel,
immergrün
ohne Müh'n.

Halbschmarotzer,
Beerenprotzer,
Wasserschnorrer,
Ästeknorrer.

Wunderpflanze,
Baumromanze,
Sonderkeim
mit Früchteschleim.

Heilerfahrung,
Vogelnahrung,
Winterheu
und Teegebräu.

Mistel, Mistel,
Kussepistel,
weißer Schaum,
oh Liebestraum.

Abzählreime

1
Du bist der Meister,
verteilst den Kleister,
du bist der Bäcker,
bäckst süße Cracker,
du bist der Weihnachtsmann
und fängst zu singen an.

2
Kerzenschein,
Herzensschrein,
Glockenglanz,
Flockentanz.
Nikolaus
kommt ins Haus
und du bist raus.

3
Dieses Rentier kann nicht laufen,
dieses muss im Fluss ersaufen,
dieses zieht den Weihnachtsmann
und du bist dran.

Wichtelmann und Knuspermaus

Wichtelmann geht voran,
Knuspermaus folgt ins Haus
in den Keller.
Von dem Teller
in die Schürzen Kipferl stürzen,
Sterne laufen mit den Schlaufen,
Plätzchen-Schätzchen
huckepack in den Sack.

Mit den Stollen trollen
aus dem Häuschen
Weihnachtmäuschen.
Nacht für Nacht
wurd' der Vorrat kleingemacht.

Und am Heiligabend,
am Naschwerk gern sich labend,
sich freuen Vater, Mutter, Kind.
Wo bloß die ganzen Schätzchen sind?
Wo sind all die Schokonüsse,
Mandelsplitter, Zimtsternküsse?

Bäckerin und Hilfsgenossen
zweifeln: „War's auch abgeschlossen?"
Wo ist nur das Gebäck geblieben?
Bei Knuspermäusen, Weihnachtsdieben!
Jetzt bleibt uns nur der Rest
für das Weihnachtsfest!

Kleine Helferlein

Wichtelmann und Knuspermaus
werkeln vor Advent im Haus.
In der Nacht sind sie am Klopfen,
Türchen in die Wand zu stopfen,
um die Zimmerchen zu bau'n,
worin die Schätze sie verstau'n.

Denn dass ihrs wisst, die Helferlein
Sankt Niklas schickt ins Haus hinein,
damit sie die Pakete füllen,
sie in Papier mit Schleifchen hüllen,
bevor sie unterm Tannenbaum
versammelt steh'n vor'm Zweigensaum.

Drum seid so nett, alle ihr Lieben,
verzeiht den kleinen Weihnachtsdieben.
Und wenn ihr eine Türe findet,
so denkt daran, wer dort verschwindet.
Stellt noch ein Leiterchen dazu,
denn der Beschenkte, der bist du!

Wichtelei

Wer flitzt durch unser Häuschen
und sammelt ohne Päuschen?
Es ist der kleine Wichtelmann,
der mitnimmt, was er finden kann.

Treppauf, treppab rennt er durchs Zimmer,
denn müde wird er nie und nimmer.
Für alle Kinder, groß und klein,
will er ein Freudenbringer sein.

Wenn ihr an einer Schlaufe zieht,
man ihn dahinter lächeln sieht.
Freut euch über den Weihnachtsbrauch
und wichtelt auch!

Die Weihnachtskür

Rentiers Hufe wollt nicht laufen,
Christkind lockerte die Schlaufen.
Kutsche stand auf einmal still,
Räder quietschen laut und schrill.

Kam ein Reh herbeigesprungen,
hat sich's Ziehen ausbedungen.
Christkind spannt das Rehlein an,
läuft so schnell wie es nur kann,
steht schon draußen vor der Tür.
Das war Rehleins Weihnachtskür.

Pfannenkummer

Wenn die Tanne nadelt,
ihn die Pfanne tadelt.
Sie würd gerne weiterkochen,
wie in all den Weihnachtswochen,
denn nur bis Dreikönig
ist ihr viel zu wenig.

Jetzt wartet sie aufs Osterfest,
bis braten sie das Kloster lässt.
Bis dahin muss sie fasten
und ruhn im alten Kasten.

Ein Raubtier namens Tigerfant

Glück und Pech

Glück und Pech sind zwei Geschwister,
die sich an den Händen halten.
Zwischendrin ist viel Geknister,
wenn die wilden Kräfte walten.

Tierrätsel

Hausrothahn & Peligei
Auerschwanz & Papakan
Krokowurm & Kodechse
Regendil & Eimoran
Schildlibri & Eleru
Kokröte & Kängufant
Wie sind die bloß verwandt?

Wahre Freundschaft

Ein Regenwurm im Sonnensturm
den Leib durch Grund und Boden zwang.
Ein Vogelmaul hackt in die Kaul,
ein Floh auf dessen Flügel sprang.

Das juckte sehr, kratzt hin und her,
der Spatz, spannte die Flügel weit.
Da kroch der Wurm zum Möhrenturm,
der Floh fiel aus dem Federkleid.

Er hüpfte auf den nächsten Vogel,
der flog grad hin zum Möhrenkogel,
wo sich der Wurm verköstigte.

Dass er ihn nicht belästigte,
verbiss der Floh, man glaubt es kaum,
den Vogel unterm Bürzelsaum.

Ein Raubtier namens Tigerfant

Ein wundersamer Elefant
ging einem Tiger einst zur Hand,
als diesen, nach den Beutejagden,
Zahnschmerzen arg bis heftigst plagten.
Dies sah der Boss der Elefanten
mit all den vielen Anverwandten,
als sie im Tal der Jagdgesellen
badeten in feuchten Quellen.

„Ich will dir helfen", sagte er,
„hälst fern du uns den Raubverkehr
von uns'rer Elefantenherde,
damit zwischen uns Frieden werde.
Doch wenn du einen Riss anführst,
du alle Zähne prompt verlierst.
Drum denk dran, bei einer List
für lange Zeit du zahnlos bist."

Der Tiger dachte, ganz egal,
was er auch will, für diese Qual
verkauf ich meine Raubtierseele.
„Dein Friedensangebot ich wähle."
Der Elefant band um den Zahn
Lianen fest und zog daran.
Schnell war vorbei die Quälerei,
der Tiger von den Schmerzen frei.

„Ah", brüllte er, „'s ist wieder gut."
Er fasste gleich mit Räubermut
den Vorsatz, Jagen aufzugeben,
denn zahnlos wollte er nicht leben.
Er überlegte, was zu machen,
um das Versprechen wahrzumachen.
Doch Hunger war, ganz ohne Lüge,

der Grund für alle Beutezüge.

Bald sehnte er sich nach dem Bissen
von seines Rudels Beuterissen.
Leis schlichen sie sich nah heran,
das Jüngste sie nicht hören kann,
umringten schnell das kleine Tier,
ganz gnadenlos und voller Gier.
Da lief der Zahnarzt-Elefant
vors Jungtier und ein Kampf entbrannt.

Mit Stampfen und mit Rüsselschlägen
ging er den Katzen an die Krägen.
Die Meute floh. Darauf in Wochen
fanden sie die Resteknochen.
Besser als nichts, dachte der Tiger,
schlug seine Zähne immer wieder
in das Skelett, doch welch ein Schreck,
es bröckelte sein Zahnbesteck!

Mit jedem Biss verlor er Zähne,
zurück blieben nur Wurzelspäne.
Sie taugten nur noch für das Reiben
von Stielen, Blättern, Ästescheiben.
Seither lebte er streng vegan,
schloss sich den Elefanten an.
Gnade vor Recht ließen sie walten,
wenn er die Wache würde halten.

Jetzt pilgert er im Land umher,
tut Buße im Dickhäuterheer,
reißt von den Sträuchern alle Blätter,
hofft auf Vergebung seiner Retter,
dass wieder Zähne er erhält,
zurück kann in die Tigerwelt.
Bis dahin geistert durch das Land
ein Raubtier namens Tigerfant.

Nilschwemme

Der Nil führt keinen Priel,
das wär ihm viel zu viel.
Er rauscht schon kilometerweit
und macht sich in Ägypten breit.
Für Flusspferde sind außerdem
die kleinen Priele unbequem.

Doch flieht einmal ein Landwurm,
aus Angst vor einem Sandsturm,
in seine Böschung unbedacht,
weil das ihn unangreifbar macht,
dann überschwemmt der Nil
mit seinem Wellenspiel
die Uferzonen mit Gebraus,
dass schwimmen lernt die Wüstenmaus.

Und führt der Nil den großen Priel,
wird er auch Flusspferds Ziel.

Ein Krokodil im Nil hat Stil
trägt feines Leder stets subtil
will man es ihm entringen
muss man ins Wasser springen
dem Krokodil hat dies gestunken
weshalb schon viele dort ertrunken

Ausgewandert

Hast du gehört,
das Nil-Nilpferd
schwimmt nicht mehr dortzulande.
Es knüpfte mit
dem Schwimmlaufschritt
der Nilgans zarte Bande.

Die flog, dem Wetter sei's gedankt,
in die Savannasümpfe.
Das Nilpferd folgt ihr unverwandt,
zog an die Wüstenstrümpfe.

Bis es die Nilgans eingeholt
wird es noch etwas dauern.
Die Hufen sind nicht mehr besohlt,
es läuft schon auf den Hauern.

Denn dass ihr's wisst,
die Liebe ist
ein Blitz, der vieles wendet.
Drum seid so lieb,
für den Antrieb
dem Nilpferd Sohlen spendet.

Wie das Nilpferd zu seinem Namen kam

Den Nil zertrampelte ein Pferd,
das Wasser war ihm nichts mehr wert,
es hatte seine Frau verschlungen,
als sie ein Liebeslied gesungen.

Dem schwarzen Fluss sollte sie weichen,
er floss gern in den Nil den bleichen.
Dort lauerten die Krokodile,
die Polizisten aller Nile.

Die fanden den Gesang zu schwer,
schwammen der Dame hinterher.
Am Katarakt des Altbara
ein Unglück am Felsblock geschah.

Die Primadonna wollt nicht weichen,
dem schwarzen Nil nicht, nicht dem bleichen.
Da schlug das Wasser hohe Wellen
und riss sie fort mit Stromesschnellen.

Die Krokodile standen still,
das Flusspferd tobte laut und schrill,
trauerte um die Frau so sehr,
strampelte wild im Nil umher,
hampelte, suchte wie gebannt.
Da hat man es Nilpferd genannt.

Elefant und Känguru

Elefant und Känguru
standen wartend an den Gleisen,
wollten einmal gern verreisen
nach dem fernen Timbuktu.

Als sie endlich angekommen
jagten sie die Großwildjäger,
Läufer, Fahrer und die Träger
folgten, dass sie nicht entkommen.

Flugs sprang fort das Känguru,
doch das Elefantenkleine
hatte leider kurze Beine,
ungeeignet für Rennschuh.

Känguru die Not erkannte
und die Jäger nicht mehr weit,
Reisefreund tat ihm so leid,
es zurück zum Jungtier rannte.

Faltete den Beutel aus,
packte seinen Artgenossen
in die Schürze unverdrossen,
spurtete ins Land hinaus.

Lief hinaus in die Sahara,
landete im roten Sand.
Dort kein Jäger sie mehr fand,
weil es denen dort zu warm war.

In der Oase Adiri
suchten sie 'ne Wasserstelle,
tranken hurtig von der Quelle,
badeten von Kopf bis Knie.

Als zu Kräften sie gekommen
kreiste eine Berberschar
um das fremde Freundespaar,
hießen sie sogleich willkommen.

Bei den Tuareg sie blieben.
Mit den Fernwirtschaftsnomaden
reisen sie jetzt, Zelt beladen,
weil die Menschen sie dort lieben.

Badespass

Elefanten sind Trabanten,
ziehn durchs wüste Ödeland,
suchen an geheimen Stellen
nach gefüllten Wasserquellen,

wo die kleinen Elefanten
tollen mit den jüngsten Tanten.
Onkels, Opas und die Väter
duschen sich dann später.

Von Fröschen und Fliegen

Ein Frosch saß auf dem Halmrohr,
sah einer Fliege nach,
er quakte unermüdlich,
'ne Fliege flog ganz friedlich
durchs off'ne Gräsertor.

Dem Frosch verschlug's die Sprache
vor soviel freiem Geist,
denn dass ihr's wisst,
die Fliege frisst
der Frosch an jedem Bache.

Da hüpfte seine Fröschin
auf's Halmrohr neben ihn,
das Gräsertor
Durchgang verlor,
sie probte schon als Köchin.

Die Fliege unterdessen
sah sich die Falle an.
Flieg ich ganz schnell
wie'n Karussell,
werde ich nicht zum Fressen.

So sauste jene Fliege,
Froschwacht hin oder her,
durch jenen Spalt,
der offen halt,
das Froschpaar zu besiegen.

Die beiden hörten 's zischen,
ein Lufthauch zog am Grün.
So eine Schmach,
die Fliege stach

sie aus beim Beutefischen!

Da sprach die Fröschin: „Froschmann,
die Stellung halten wir.
Hüpf du durch 's Tor,
ich wart davor,
so kriegen wir sie dran!"

Die Fliege augenblicklich
erkannte die Gefahr,
schnappte vom Farn,
um sich zu tarn'n,
das Pollengarn geschicklich.

Dann schwebte sie zum Nahkampf
im Pollenfädchenflor,
reizte die Nas'
mit Pollengas
und hinterließ nur Dampf.

Das Froschpaar nieste kläglich
die Luft sich aus dem Leib,
zog sich zurück
vom Beutetrick
und wurd' fliegenverträglich.

Scholle und Flunder

Die Scholle sprach zur Flunder:
„Dein Kleid ist doch nur Plunder,
wie eine Fleckendecke,
du bist ne Meeresjecke."

Da sprach die Flunder: „Scholle,
sag, bist nicht ganz dolle?
Das Meer ist keine Modenschau,
egal ob Mann oder ob Frau."

Da sprach die Scholle: „Flunder,
es wäre auch ein Wunder,
wenn du wärst wie das Meer so blau,
du bist nur platt und mittelgrau."

Die Flunder sprach: „Du, Scholle,
bist auch nicht grad aus Wolle!
Dein Steingrau gleicht dem Meeressand,
getarnt wirst du nicht mehr erkannt."

„Oh Flunder", sprach der Plattfisch,
du bist ja nur ein Nachtisch.
Wer mich erkennt, kriegt Appetit,
mich zu verwandeln hält mich fit."

„Du hast doch Stachelflossen,
zählst nicht zu den Kolossen,
als Speisefisch wie du und ich,
landen wir beide auf dem Tisch."

Da zappelte ein Wattwurm,
es kam zu einem Ansturm,
am Boden kräuselte das Meer,
Scholle und Flunder hinterher.

In diesen Turbulenzen
hielt sich der Fang in Grenzen.
Der Wurm entpuppte sich als schnöder
weitgeworfener Angel-Köder.

Da sprach die Scholle: „Flunder,
dies Pech ist ein Glückswunder.
Vergraben wir uns in den Sand
und bleiben unerkannt."

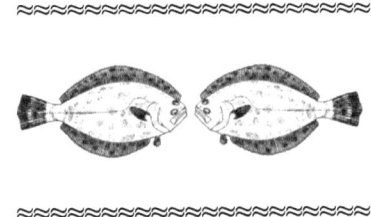

Der Floh

Im frisch verdorrten Stroh
verirrte sich ein Floh.
„So", sprach die Frau Mama,
die das Entschwinden sah,
„komm du mir nur nach Haus,
ist's aus mit deinem Schmaus!"

Der Floh jedoch war froh,
denn er verpasste so
ganz ohne große Flausen
das ungeliebte Zausen.

„Ach Kind, wo bleibst du nur?
Was bist du nur so stur!",
schimpft sie ganz nervös
und wurde langsam bös.

Als auf die Straße lief,
die Sonne stand schon tief,
ein kleines weißes Kätzchen,
verspielt mit lauter Mätzchen,
sprang jene Flohmama
mit leisem Hoppsassa
aufs süße Katzenkind
und brachte ihm die Grind.

Dies sah die Katzenmutter,
sie brachte grad das Futter,
begann mit Argusaugen
das Fell gleich abzulaugen.

Da fiel die Flohmama
ganz ohne Hoppsassa
in jenen Laugentank,

sank hurtig und ertrank.

Aufs wollig warme Stroh
das Katzenfellshampoo
die Katzenmutter goss,
und über'n Kindfloh floss.

Da floh der kleine Floh
gebadet aus dem Stroh
und suchte nun mit Grausen
die Flohmama beim Zausen.
Es rief ein kleiner Floh:
„Wo bist du Mutter, wo?"

(In Memoriam Heinz Erhard)

Wenn zwei sich streiten

Regen prickelt über Halmen,
tropft auf schlafende Zikaden,
ruhn im Gras auf ihren Waden.
Vögel zwitschern frohe Psalmen.

Dunst steigt auf, fängt an zu qualmen,
übers Gras wandern die Schwaden.
Ohne Zagen die Zikaden
hüpfen unter Schilfes Walmen.

Ach, da züngelt eine Schlange.
„So ein ausgeschamter Schnödel!
Für dich ist das doch nur Trödel",

schimpfen bös die Vögel lange.
Vom Geschrei der Kampfestiere
aufgeweckt fliehn die Zikaden.
Dank der Schmiere!

Umsonst

Die Kanalratte Tilo
verirrte sich im Futtersilo.
Sie fraß sich Wege durchs Getreide,
füllte ihre Eingeweide,
bis sie aufging wie ein Mops.

Den Ausgang fand die Tiloratte,
als sie sich durchgebissen hatte.
Voll Freude sie sich überschlug,
sich zum Kanaleingang hintrug,
wollt schleichen sich durchs Abflussrohr,
durchschreiten jenes Freiheitstor.

Doch hops, er blieb als Klops drin stecken.
Es half nicht ziehen, drücken, recken.
Am Ende er die Kraft verlor.
Er kam nicht mehr durchs Ausgangstor.

Wen Fressgier treibt wird zum Verhängnis
das Futterhaus als ein Gefängnis.

Los der Zikaden

Grashüpfer, Grillen, Zikaden
sägten in hügliger Wiese,
abseits von kühlender Brise,
die wehte von Ufers Gestaden.

Sie sägten und grellten und tönten
herzhaft mit festen Waden,
doch Käfer, Würmer und Maden
schimpften gemeinsam und stöhnten.

Soll doch der Himmel uns grollen,
dachte die zirpende Meute,
denen kein Ungemach dräute,
wer sollt ihnen Böses denn wollen?

Sie hüpften ans Ende der Düne,
strichen genüsslich die Geige,
dass sich der Meergott verneige
vor ihrer Graskammerbühne.

Doch auch die Möwen dies hörten
an ihren fischlosen Pfründen,
hinter den sandigen Gründen,
Lieder, die sie verstörten.

Sie flogen voll Groll einen Bogen
zum kunstvollen Dünengesang,
das Trommeln verstummte, verklang.
So wird nun ihr Schweigen zur Sühne.

Zwergschnauzers Kaffeekränzchen

Ein kleines Schnauzermännchen
trank gerne aus dem Kännchen,
die Pfoten lagen auf dem Tisch,
er leckte sich mit einem Wisch
das Wasserschäumchen ab,
dann sprang vom Stuhl er ab.

Sein Frauchen war stets vornehm
und löffelte die Milchcreme
wie einen Becher voller Eis
und machte sich die Lippen weiß.
Servietten nahm zum Schluss
sie nach dem Kaffeekuss.

Sie tupfte ihre Lippen,
als würd sie Briefe tippen.
Das Schnauzermännchen sah sie an,
fragend, ob sie ihn streicheln kann,
sprang gleich hinauf auf ihren Schoß,
legte mit Kuscheln los.

Das Frauchen, noch nicht fertig,
die Lippen kaffeebärtig,
rief: „Männlein, du bist aber schnell,
hab noch Gebäck mit Karamell,
spring ab, mach erst mal Sitz,
mein lieber kleiner Fritz."

Da winselte das Fritzlein
mit traurig bittren Äuglein,
bis Frauchen schob das Restgetränk
von sich und krault ihn eingedenk
des sehnsuchtsvollen Blicks
mit einem Streichelmix.

Fritz schnurrte wie ein Kätzchen
und fischte sich das Plätzchen,
das auf der Untertasse lag,
mit einem leichten Pfotenschlag.

Da fiel die Tasse um
und leerte sich, wie dumm,
auf Frauchens weißbetuchten Rock,
er wurde nass, ein feuchter Schock.

Das Frauchen sprang schnell auf,
dem Fritzchen in den Lauf.
Der bellte ganz erbärmlich,
war ganz und gar nicht herrlich.

Die Kellnerin, die stehen blieb,
sah's Frauchen, wie sie's Röckchen rieb.
Der nasse braune Fleck
ging aber nicht mehr weg.

„Ja gute Frau, wie peinlich!
Im Grund ist ein Hund reinlich.
Wenn's wiederkommen, bittschön, ja,
gehn's vorher Gassi und nicht da!"

Nicht schlecht, Herr Specht!

Horrido und Hussassa

Waldeslust und Falala
Horrido und Hussassa.
Geschichte und Geschichten
in Hölzern sich verdichten.
Alle Katastrophen
enden mit den Strophen.

Waldrätsel

Tschakerditschak
Knackerdiknack
Rackerdirack

Kuckurukuck
Schnuckedischnuck
Ruckediruck

Gurredigurr
Surredisurr
Schnurredischnurr

Tschipeditschip
Ziepediziep
Piepedipiep

Die Friedenstaube

An einem frühen Sonnentag,
als aller Wald in Ruhe lag,
erklomm ein Hörnchen, flink und flugs
den Pinienstamm ohne Gemucks.

Es speiste von der Zapfenquelle,
zerbiss die feste Zapfenpelle,
weit hallte unverhohlnes Schmatzen.
Dies hört ein anderes beim Kratzen!

Das war nicht recht, denn dieser Stamm
gehörte ihm, ein jedes Gramm!
Doch dem Besucher war dies gleich,
die Zapfenkron' war aller Reich.

Es räkelte zum Nachbarast,
der Zapfenwuchs wie eine Quast
dort prangte und mit viel Genuss
holte es aus zum Räuberschuss.

Da wackelte es im Geäst,
das Hörnchen krallte sich ganz fest
und fauchte jenen Räuber an,
damit er floh. Dem lag nichts dran!

Er sah voll Mitleid an das Hörnchen,
blies ins Gesicht ihm letztes Körnchen.
Das war zu viel, 'ne Kriegserklärung!
Der Kampf entbrannt um die Ernährung.

Das Hörnchen setzte an zum Sprung,
der Dieb war schneller, war noch jung.
So jagte ihn der alte Hase
durch das Geäst mit Spürhundnase.

Sie stießen schrille Schreie aus,
ununterbrochen, ohne Paus',
bis aufgewacht der ganze Wald
vom Kampf der beiden mit Gewalt.

Zur Pinie hin flog eine Taube
und flügelte 'ne Friedenshaube.
Da hielten ein die Kampfgenossen,
kauerten sich an Astes Sprossen.

Die Taube sprach: „Euch sei's gesagt,
wenn ihr nur einen Schrei noch wagt,
fliegt auf das ganze Vogelheer
und flügelt Wind wie Sturm am Meer.

Wir wirbeln auf und machen Dampf,
bis aufhört ihr mit eurem Kampf!
Es gibt genügend Pinienkronen,
die sich für jedes Hörnchen lohnen.

Reicht euch die Krallen, Frieden sei.
Im Wald sind alle Tiere frei!"
Da duckten beide ihre Köpfchen,
die Augen funkelten wie Knöpfchen.

Sie krallten sich zum Friedensgruß
und zogen ab auf leisem Fuß.
Der Taube Spruch zum Himmel schallt.
So ruht in Frieden nun der Wald!

Specht und Haselmaus

Ein Buntspecht hämmerte sehr spät
als ob mit Eil es dämmern tät!
Und als er ausgehämmert hatte,
erhaschte eine Maus die Latte,
die ihm vor lauter Eil entfiel.

Die Maus kam unverhofft zum Ziel.
Schon länger suchte sie ein Brett,
als Unterlage für ein Bett,
um sich darauf gut auszuruhn,
denn eine Maus hat viel zu tun!

Als sich der Specht so recht besann,
dass er das Brett doch brauchen kann,
gab jene Maus es nicht mehr her,
verhöhnte ihn mit Spott so sehr,
dass dieser an die Höhle flog
und Kleinzeug hackte, doch nur grob.

Es regnete von oben Brocken,
darüber sich die Maus erschrocken.
Sie huschte ab unters Gebüsch,
verscharrte sich im Blätterplüsch.
Und die Moral von der Geschicht:
Bauklötze klauben lohnt sich nicht!

Klimawechsel

Braunbär sagt zum Eisbär:
„Wenn ich auch so weiß wär,
wär ich eine Silbertanne
in dem dunklen Wald."

Eisbär sagt zum Braunbär:
„Wenn ich auch so braun wär,
hätte ich ein Bärenfell
und hätte nicht mehr kalt."

Da sagte der Braunbär:
„Gern gäb ich mein Fell her,
wäre es ein braunes Kleid.
So tut es mir leid."

Eisbär sagte: „Schade.
Wenn ich dich einlade
an den Nordpol zu Besuch,
die Sonne ich dir buch'."

Braunbär sagte: „Prima.
Ich wechsle jetzt das Klima.
Doch wird's am Nordpol mir zu kalt,
kehr ich zurück zum Wald."

Maulwurf Franz

Feuchte Fusel leise schleichen
über dunkelgrüne Kuhlen.
In den kleinen blassen Teichen
sich die Rabenknaben suhlen.

Aus dem losen Erdenturm
spitzt der Novemberregenwurm.
Auch ein schwarzer Borkenkäfer
nistet dort als Wetterschläfer.

Flugs mit allerlei Verdruss,
setzt ein Maulwurf an zum Schuss.
Wenn der Herbst auch alle striezt,
sind die Löcher doch sein Kiez!

Sein Revier wird er verteidigen,
niemand wird ihn hier beleidigen.
Wer in seinen Löchern spielt,
ihm die Winterruhe stiehlt.

Also fing er an zu bohren,
von dem Schwanz bis zu den Ohren
drang er unterirdisch vor,
hob den Regenwurm empor,
warf den Käfer trotzig raus
zum Gefallen einer Maus,

stieg heraus mit Siegermiene,
präsentiert auf Astes Schiene
den gewund'nem Gräserkranz,
stolz wie Oskar, Maulwurf Franz.

Und wie wahr, Fanfaren, Tröten,
aus den hohen Hallen flöten,

erst noch sanft, dann kratzig rau,
durch des Morgennebels Grau.

Derweil die Rabenknaben spähten,
laut im Hungerfrust aufkrähten
nach dem Wurm, der wund sich kringelt,
schwangen auf vom Bodenturm,
denn oben droht Raubvogels Kürzel.

Jäh kroch fort der Regenwurm.
Raben stählten ihre Bürzel,
zogen ab mit viel Geschrei,
knapp am Raubvogel vorbei.

Dieser rammte seine Krallen
fest in Maulwurfs Erdenballen,
hob ihn aus dem Höhlenbau,
flog die Beute zielgenau
in seinen Horst, um sich zu laben.

Regenwurm und Käfer schaben
sich tief ins dunkle Erdenreich,
Rabenknaben sanken bleich
und aufgeschreckt im Nieselgries
in die Gräser einer Wies'.

Und die Moral von der Geschicht':
Gräben graben lohnt sich nicht.

Nicht schlecht Herr Specht

Zu Sommers Abschied haut ein Specht
die Schnabelsäge in den Ast.
Zur Mittagszeit im letzten Glast
wird aus dem Zimmermann ein Knecht.

Dies ist dem Eichhörnchen nicht recht,
es schläft grad süß in seinem Kobel,
wird wachgerüttelt durch den Hobel,
die Ruhe durch den Krach geschwächt.

Der Vogel bohrt sich in den Bast
und denkt: das ist nicht schlecht, Herr Specht!
Als um das Nest er weiter zecht,
wird es dem Hörnchen doch zur Last.

Es schlägt die Krallen zum Gefecht
und stellt das Fell auf wie ein Zobel.
Der Specht denkt: dieses Fell ist nobel,
als Innenfutter gar nicht schlecht.

Das Hörnchen springt flink an die Höhle,
will jenen Störenfried verprügeln,
der droht mit aufgeschlagnen Flügeln
und schreit aus voller Vogelkehle.

Das Hörnchen, wirr von dem Krakeelen,
trifft jenes Nest nicht ganz genau.
Die losen Brocken aus dem Bau
des Hörnchens Köpfchen nicht verfehlen.

Getroffen fällt der Streiter nieder
auf einen Wurzelstrang des Baums.
Der Specht, verwundert dieses Traums,
trällert den Wald voll Siegeslieder.

Da setzt ein Rotfuchs, der dort schnürte,
zum Sprung an auf die leichte Beute,
Doch jetzt des Spechtes ganze Meute
auf diesen stürzt und Wind aufschürte.

Der Fuchs, erschrocken, ließ ihn liegen.
Die Vogelschar schlug weiter Wind,
das Hörnchen lag taub wie ein Kind.
Kein Specht wollte da weiterfliegen.

Als zehn Minuten schon vergangen
schlug's Hörnchen seine Äuglein auf,
der Schwarm vor Freude pfiff zuhauf.
Da wollt Hörnchen nichts mehr verlangen,
hat sich nie mehr bei Spechts verfangen.

Waldmaus

Wenn im Wald die Füchse schnüren,
Mäuse sich zu Läufern küren.
Denn das Mäuslein, flink und flugs
macht sich mit dem Fuchs 'nen Jux,
rast, eh sich der Fuchs besinnt,
ins Erdloch rein, schnell wie der Wind,
zieht seine Erdbautüre zu.
So, Herr Fuchs, mein ist die Ruh!

Schlammbad

Ein Wildschwein wälzt sich vor Kimme und Korn,
der Jäger pirscht hinterm Rittersporn.
Er hält die Flinte in seiner Hand,
das Wildschwein suhlt sich im Pfuhl unverwandt.
Es sieht nicht den Lauf in der Sonne blitzen
und bleibt gemütlich im Schlammloch sitzen
und labt sich darin und kümmert sich nicht.
Ei, denkt sich der Jäger, welch fettes Gericht!
Er legt das Gewehr an, die Pollen fliegen
und bleiben auf seinem Nasenbein liegen.
Schon triefen die Augen im Fadenkreuz
und er muss schniefen hatschi, schneuz, schneuz.
Gestört vom Gepolter erhebt sich der Keiler
und sucht sich zum Baden 'nen anderen Weiler.

Schweineglück

Eine Bache aus Schwarzenholz
warf sechs Frischlinge überstolz.
Kaum dass sie alle aufgezogen,
wollte die Jüngste ein Keiler holen.

Viel zu früh, dachte die Bache
und legte sich des Nachts auf die Wache.
Nichts geschah sechs Nächte lang,
kein Grunzen an ihre Ohren drang.

Da klagte laut das junge Schwein,
es wollte doch kein Frischling mehr sein.
Bald wurde auch das Muttertier schwach
und ließ ihre Jüngste hinunter zum Bach.

Doch ach,
was quietschte da vergnügt aus dem Schlamm?
Der Keiler war mit 'nem Frischling zusamm'.
Da grunzte das Fräulein: „Glück gehabt,
dem Schwein wäre ich fast in die Falle getappt!"

Die Vogelmajestät

„Herr Adebar, Herr Adebar,
vor Ihrer Nase tanzt ein Star.
Er will mit Nachtigallen, Finken,
vom Siegertreppchen hüpfend winken."

„Herr Kuckuck, macht Euch keinen Kopf.
Zum Singen fehlt ihm doch der Kropf.
Zum Fliegen fehlt der Rückenwind.
Nie wird er so wie ich geschwind
als erster dieses Ziel erreichen.
Dem wahren Sieger wird er weichen."

„Herr Adebar, Herr Adebar,
zum Sturz die kleine Vogelschar
hat hier lange schon aufgerufen,
den Wind die vielen Flügel schufen."

„Herr Kuckuck, niemand weiß wie Ihr,
ein Star ist doch kein Königstier.
Es mangelt ihm an Orientierung.
Drum braucht er auch vor allem Führung.
Doch wer schon führt, der will auch siegen
und sich im eignen Glanze wiegen."

„Herr Adebar, Herr Adebar,
vielleicht ist Ihnen noch nicht klar,
von Dächern pfeifen es die Spatzen,
an Ihrem Thron will jeder kratzen."

„Ach was, Herr Kuckuck, dummes Zeug,
dass ich mich kleinen Vögeln beug.
Ein Storch sitzt immer auf dem Thron,
wie vor mir Generationen schon.
Wenn es auch jedem nicht gefällt,

wer fliegt wie ich, regiert die Welt!"

„Herr Adebar, Herr Adebar,
die Adler trafen sich sogar,
um sich mit allen zu verständigen,
der Aufstand ist nicht mehr zu bändigen!!"

„Zum Kuckuck, nun ist's aber gut!!!
Am End verlässt Ihn noch der Mut.
Flieg Er voran und richte mir
das Storchenführungshauptquartier."

Doch plötzlich zog mit viel Geschrei
das bunt gemischte Volk vorbei.
„Hurra", schrie es aus allen Kehlen,
„der Storch wird heut sein Ziel verfehlen.
Der Kuckuck hat ein Ei gelegt.
Doch er hat es hinweggefegt.
Das weiß doch schließlich jedes Kind,
wer Flügel hat, den trägt der Wind."

Ausgang

Ausgang

Ein Kakadu küsste ein Känguru,
ein Floh verfing sich im Ohr einer Kuh,
ein Hund jagte hinter der Haselmaus,
im Bärenfell labte sich eine Laus.

Wem dies nicht genug, soll selber dichten,
sein Augenmerk auf die Füße richten,
die Verse laufen dann von allein.
Wer möchte da nicht gerne Dichter sein?

Der Narr

Ein Scherz, herrje, ein Scherz ist schwer,
doch mögen viele Scherze mehr
als Klagen, schlechte-Welt-Poetik,
sie lieben Reime, Wortphonetik.

Und schreibst du auf, was keimt und fleimt,
bedenke, dass dich mancher leimt,
der Herr der roten Stifte ist,
weil er den Sinn so ganz vermisst.

Dem Dichter schlägt die Richterstund:
Der Ernst beherrsche die Vernunft
und nicht das liederliche Lachen!

Da kann man nur noch Scherze machen.

Gefunden

Ich ging so für mich hin
im leeren grünen Wald
und suchte keinen Sinn
da goethet's in mir bald

     ich fand das Ungefundene
     im Schatten des Gelichts
     und sah das Unverbundene
     und sah und sah doch nichts

da hob ich alle Lettern
aus ihren Wörtern auf
sie fingen an zu klettern
und woben sich hinauf

     ich trag's nach Haus das Verslein
     schreib's auf am stillen Ort
     dass glüht das Dichterherzlein
     und blüht und blüht so fort

Dichters Leid

Das Schreiben ist des Dichters Lust und Last,
ein Füllhorn gar aus Silben, Worten, Sätzen,
das ausgegossen, mancher weiß zu schätzen:
er isst vom Tisch als eines Meisters Gast.

Nur wer die Gunst der Stunde nicht verpasst,
wer Muße sich erlaubt, lässt sich nicht hetzen.
Es muss das Bild in deinem Herz sich setzen,
bevor dazu das Schriftbild du verfasst.

Aus solcher Feder fließt das Blut der Sprache,
die flammend rot das Feuer in dir weckt
und unbeirrt den Nerv des Lebens neckt.

Die Welt ertrinkt in einer Tintenlache.
Der Leser nur kann heilen Dichters Leiden.
Wem dies zu viel, der sollte Bücher meiden.

Ende

Werkverzeichnis

Vermisstenanzeige. Gewidmet den ermordeten Juden des Naziregimes. Lyrik und Prosa. Vera Hewener. Libri BoD. Norderstedt 2000. ISBN 3-8311-0748-3. 2. erw. Auflage 2014. ISBN 978-3831107483.

Lichtflut. Reisenotizen. Lyrik und Prosa. Vera Hewener. Edition Calamus. Norderstedt 2001. ISBN 3-8311-1493-5. 2. erw. Auflage 2014. ISBN 987-3831114931.

Eine Neigung aus Blau. Gegenwartslyrik. Vera Hewener. Norderstedt 2002. ISBN 3.8311-3334-4. 2. Auflage 2014. ISBN 9783831133345

Bist Himmel mir und tausend Feuerfunken. Gedichte. Vera Hewener. Mauer Verlag. Rottenburg a/N. 2003. ISBN 3-937008-46-2.

Verwirbelungen der Zeit. Vera Hewener. Lyrik mit Bildern von Carolin Isele. WiKu Éditions Paris E.U.R.L. Paris und WiKu Verlag KG Berlin 2005. ISBN 3-86553-203-9.

Es kommen andere Ewigkeiten. Gedichte. Vera Hewener. WiKu Édition Paris ISBN 2-84976-0188 WiKu Verlag 2007. ISBN 978-3-86553-189-6.

Himmelsstürme. Vera Hewener. Gedichte mit Fotografien. edition Wort Verlag Bitburg 2010. ISBN 978-3-936554-00-3.

Das Jahr: Dichtung in vier Sätzen. Vera Hewener. Gedichte mit Fotografien. BoD Books on Demand Norderstedt 2013. ISBN 978-3-7322-3168-3.

Zaubervolle Winterwelt. Gedichte, Geschichten, Notizen. Vera Hewener. Verlag BoD Books on Demand. Norderstedt 2014. ISBN 9783735761262.

Frühlingsserenade. Die schönsten Gedichte, Geschichten und Notizen zur Frühlingszeit. Vera Hewener. Verlag BoD Books on Demand. Norderstedt 2015. ISBN 978-37347-3140-2.

Die Blüte des Sommers. Sommeranthologie. Die schönsten Gedichte, Geschichten und Kalendernotizen. Vera Hewener. Verlag BoD Books on Demand. Norderstedt 2015. ISBN 978-3-7347-89540.

In der Saar schwimmen keine Krokodile. Gegenwartslyrik & Texte. Vera Hewener. Verlag BoD Books on Demand. Norderstedt 2015. ISBN 9783738635676

Von Lorraine nach Aquitaine. Reisenotizen in Lyrik und Prosa. Reiseliteratur Band 1. Vera Hewener. Verlag BoD Books on Demand. Norderstedt 2016. ISBN 9783741210860.

Du trocknest meine Tränen wieder. Religiöse Lyrik & Texte. Vera Hewener. Verlag BoD Books on Demand. Norderstedt 2016. ISBN 9783743113589.

Zaubervolle Jahreszeiten. Der Frühling. Vera Hewener. Verlag BoD Books on Demand. Norderstedt 2017. ISBN 9783743125117.

Aus meinem Federkiel. Magische Momente. Natur & Seele. Gedichte. Vera Hewener. Verlag BoD Books on Demand. Norderstedt 2017. ISBN 9783744870511.

Zaubervolle Jahreszeiten. Der Sommer. Vera Hewener. Verlag BoD Books on Demand. Norderstedt 2017. ISBN 9783744870993.

„Kerzen, Wunder, Himmels-Zunder". Vera Hewener. Lustige und besinnliche Geschichten und Gedichte zur Advents- und Weihnachtszeit. Verlag BOD Books on Demand. Norderstedt 2017. ISBN 9783744893824. 2. Ausgabe 2019. ISBN 9783738629682.

Die Jahreszeiten: Auslese. Gedichte. Vera Hewener. Verlag BOD Books on Demand. Norderstedt 2018. ISBN 9783738636017.

Werkausgabe Band I. Frühe Gedichte 1970-1999. Verlag BOD Books on Demand. Norderstedt 2018. ISBN-13: 9783746025292.

Kinder, Hund, Familienbund. Lustiges, Tierisches und Allzumenschliches in Lyrik und Prosa. Vera Hewener. Verlag BOD Books on Demand. Norderstedt 2018. ISBN 9783746056821.

Zaubervolle Jahreszeiten. Der Herbst. Vera Hewener. Verlag BoD Books on Demand. Norderstedt 2018. ISBN 9783752842135.

Christnacht, Glocken, Engelslocken. Gedichte und Geschichten zur Weihnacht. Vera Hewener. Verlag BoD Books on Demand. Norderstedt 2018. ISBN 9783748107637. 2. Ausgabe 2019. ISBN 9783741251641.

In der Saar feiern die Fische. Gegenwartslyrik & Szenen. Vera Hewener. Verlag BoD Books on Demand. Norderstedt 2019. ISBN 9783732237142. 2. Aufl. 2020. ISBN 9783752810080.

Von Brandasund bis Nasholim. Reisegedichte, lyrische Ausflüge, Geschichten und Notizen. Reiseliteratur Band 2. Vera Hewener. Verlag BoD Books on Demand. Norderstedt 2019. ISBN 9783732235841.

Tannen, Lobgesang, Weihnachtsklang. Gedichte, Geschichten, Liedtexte und Bühnenstücke zur Advents- und Weihnachtszeit. Vera Hewener. Verlag BoD Books on Demand. Norderstedt 2019. ISBN 9783750400030.

In der Saar tanzen die Schwäne. Gedichte, Geschichten & Szenen. Vera Hewener. Verlag BoD Books on Demand. Norderstedt 2020. ISBN 9783751921060.

Zaubervolle Weihnachtswelt. Geschichten, Gedichte, Stücke & Notizen zur Advents- und Weihnachtszeit. Vera Hewener. Verlag BoD Books on Demand. Norderstedt 2020. ISBN 9783752606409.

Weihnachtsklang, Lobgesang. Deutsche Gedichte und Nachdichtungen internationaler Weihnachtslieder, Gospels, Spirituals und deutsche Weihnachtslieder in moselfränkischer Mundart. Vera Hewener. Verlag BoD Books on Demand. Norderstedt 2020. ISBN 9783752606393.

Sodom und Camorra. Kurze Bühnenstücke für viele Gelegenheiten. Vera Hewener. Verlag BoD Books on Demand. Norderstedt 2020. ISBN 9783752606386.

Oh Frühling, komm! Natur, Stadt & Land. Die schönsten Frühlingsgedichte. Vera Hewener. Verlag BoD Books on Demand. Norderstedt 2021. ISBN 9783753439594.

Oh Sommer, leuchte. Natur, Stadt & Land. Die schönsten Sommergedichte. Vera Hewener. Verlag BoD Books on Demand. Norderstedt 2021. ISBN 9783753421414.

Oh Herbst, wandle!. Natur, Stadt & Land. Die schönsten Herbstgedichte. Vera Hewener. Verlag BoD Books on Demand. Norderstedt 2021. ISBN 9783754320655.

Oh Winter, schneie! Natur, Stadt & Land. Die schönsten Wintergedichte. Vera Hewener. Verlag BoD Books on Demand. Norderstedt 2021. ISBN 9783754347034.

Das kleine Tännlein. Die schönsten Weihnachtgeschichten. Vera Hewener. Verlag BoD Books on Demand. Norderstedt 2021. ISBN 9783755701705.

Denn die Zeit ist des Ewigen Aufgang. Zeitgedichte von der Morgenröte bis zur Abendstunde. Vera Hewener. Verlag BoD Books on Demand. Norderstedt 2022. ISBN 9783755738756.

Denn die Nacht ist der Spiegel der Sterne. Abend- und Nachtgedichte. Vera Hewener. Verlag BoD Books on Demand. Norderstedt 2022. ISBN 9783755730125.

Verrückte Tierliebe. Tiergedichte für alle Generationen. Vera Hewener. Verlag BoD Books on Demand. Norderstedt 2022. ISBN 9783754359860.

Wellen, Wogen, Himmelsbogen. Gedichte und Geschichten über Meere, Ströme und Gewässer. Vera Hewener. Verlag BoD Books on Demand. Norderstedt 2022. ISBN 9783755734468.

Äpfel, Nuss und Mandelkuss. Weihnachtsgeschichten. Vera Hewener. Verlag BoD Books on Demand. Norderstedt 2022. ISBN 9783756223770.

Das Licht der Weihnacht. Die schönsten Weihnachtsgedichte. Vera Hewener. Verlag BoD Books on Demand. Norderstedt 2022. ISBN 9783756844197.

In Paris ist die Zeit verschwunden. Gedichte. Vera Hewener. Verlag BoD Books on Demand. Norderstedt 2023. 2. Auflage 2024. ISBN 9783734714283.

Oh Rose, Zauberblume, Rosengedichte und Geschichten. Vera Hewener. Verlag BoD Books on Demand. Norderstedt 2023. ISBN 9783738612936.

Vom Salzburger Land bis Südtirol. Reisenotizen in Lyrik und Prosa. Reiseliteratur Band 3. Vera Hewener. Verlag BoD Books on Demand. Norderstedt 2023. ISBN 9783744818124.

Weihnachtstheater. Kurze Bühnenstücke, Sketche. Vera Hewener. Verlag BoD Books on Demand. Norderstedt 2023. ISBN 9783746092607.

Heller Glanz in stiller Nacht. Neue Weihnachtsgeschichten, Gedichte. Vera Hewener. Verlag BoD Books on Demand. Norderstedt 2023. ISBN 9783755700357.

Naturgedichte. Landschaften, Städte, Jahreszeiten. Vera Hewener. Verlag BoD Books on Demand. Norderstedt 2024. ISBN 9783757830540.

Pfeift ein Vogel den Liebeslaut. Vogelgedichte, Notizen, Geschichten. Vera Hewener. Verlag BoD Books on Demand. Norderstedt 2024. ISBN 9783758371417.

Unterwegs in Deutschland. Reisenotizen in Lyrik und Prosa. Reiseliteratur Band 3. Vera Hewener. Verlag BoD Books on Demand. Norderstedt 2024. ISBN 9783759729132.

Wunderheilig glänzt die Nacht. Weihnachtsgeschichten, Gedichte. Vera Hewener. Verlag BoD Books on Demand. Norderstedt 2024. ISBN 9783759723604

Wenn Christrosen blühen. Die schönsten Weihnachtsgedichte Band II. Vera Hewener. Verlag BoD Books on Demand. Norderstedt 2024. ISBN 978375977993.